AF317583

CATALOGUE

DE

TABLEAUX,

DESSINS ET CROQUIS,

Ébauches, gravures, lithographies, ouvrages
à figures et sur les arts.

COLLECTIONS D'HISTOIRE NATURELLE.

Dont la vente a lieu par suite du décès de
M. P.-J. REDOUTÉ.

1840.

CATALOGUE
DE TABLEAUX,
DESSINS,

CROQUIS, ÉBAUCHES, ESTAMPES ET LITHOGRAPHIES ENCADRÉES ET EN FEUILLES;
OUVRAGES À FIGURES, LIVRES SUR LES ARTS ET AUTRES;

Collections de Papillons, Graines, Coquillages, Marbres, Porcelaines
et Cristaux;

OBJET D'ARTS ET DE CURIOSITÉ;

Couleurs et ustensiles d'atelier, etc., etc.,

DONT LA VENTE AURA LIEU,

PAR SUITE DU DÉCÈS DE M. REDOUTÉ,

Peintre de fleurs du cabinet de la Reine, professeur d'iconographie botanique au jardin
du Roi, membre de beaucoup de sociétés savantes de France et de l'Étranger, chevalier
de l'ordre de la Légion-d'Honneur et de l'ordre de Léopold.

Les Jeudi 23, Vendredi 24 et Samedi 25 Juillet 1840,
heure de midi,

EN SON DOMICILE, RUE DE SEINE-SAINT-GERMAIN, 6,

Par le ministère de Mᵉ BOULOUZE, Commissaire-Priseur, rue
Monsigny, 2;

Assisté de M. VALLÉE, Expert, rue des Vieilles-Étuves-
Saint-Honoré, 5,

Chez lesquels se distribue le présent Catalogue,

EXPOSITION PUBLIQUE
Le Mercredi 22 Juillet, de midi à cinq heures.

PARIS
IMPRIMERIE ET LITHOGRAPHIE DE MAULDE ET RENOU,
RUE BAILLET, 9-11, PRÈS DU LOUVRE. 1115

1840.

PIERRE-JOSEPH REDOUTÉ naquit à Saint-Hubert, en Belgique, le 10 juillet 1759, d'une famille déjà distinguée dans les arts. Son père, Charles Redouté, qui fut son seul maître, a laissé de bons tableaux dans les églises de la Belgique. Son frère, Antoine-Ferdinand, était un peintre de décors très-remarquable : on a des travaux de lui à l'Élysée-Bourbon et au château de Compiègne. Quant à lui, Pierre-Joseph, c'était une de ces natures exceptionnelles qui sont grandes en naissant, qui s'élèvent toutes seules, si bien qu'elles n'ont presque rien à faire pour arriver tout de suite à la perfection. A six ans, cet enfant, d'une famille pauvre et honorable, était déjà un peintre; à treize ans il quittait sa famille pour voir le monde, ayant à peine la cape et l'épée; il visita ainsi à pied, et en dessinant tout ce qui frappait sa vue, la Flandre et la Hollande, étudiant sans le savoir, gagnant sa vie au jour le jour, comme il la faut gagner quand on n'a pas vingt ans. Notre peintre avait posé sa tente dans une petite ville de la Belgique, à Villevorde, et là il acceptait tous les travaux : des tableaux pour les églises, comme son père; les décorations pour les théâtres, comme son frère. Il en fit tant, qu'on le vint chercher pour travailler au château de Calabourg, dans le duché de Bouillon, où il était déjà connu comme un artiste. Ainsi il arriva à avoir seize ans, et il se remit en marche, toujours allant au petit pas, dans cette noble Flandre si fertile en chefs-d'œuvre. Chemin faisant, il fit le portrait du général Bender, gouverneur du Luxembourg. Le général Bender le présenta à son amie la princesse de Tornaco, et celle-ci, trouvant notre jeune homme en train de parvenir, lui donna des lettres de recommandation pour la ville de Paris ; mais, arrivé à Paris, il avait perdu ses lettres, et il se trouva là-dedans tout seul à peu près ; seulement il allait voir de temps en temps son frère aîné, qui le faisait travailler à ses décors. C'était le temps de l'opéra-comique ; l'on employait alors beaucoup de bouquets de roses, beaucoup de bancs chargés de mousse, de cabanes pour *Annette et Lubin;* tout le drame de cette époque se passait au bruit des jets d'eau, sur la verdure des parterres, et vous pensez si Redouté laissait cet honnête drame manquer de fleurs !

Ainsi se révéla peu à peu cette vocation qui devait mener Redouté si loin. Il aimait les fleurs par instinct, comme le modèle fugitif et éternel de la beauté. Bien jeune encore, il s'arrêtait devant ces douces images, et il se prenait à être triste quand il songeait que cette grâce idéale passait si vite et que le frêle chef-d'œuvre perdait en même-temps la forme, la couleur et le parfum qui en est l'ame. Aussi à force de les aimer il finit par les comprendre, ces passagères créations du printemps; il les dessina d'abord comme le peintre dessine le cadavre, commençant par les plus imperceptibles secrets de la charpente et dessinant anatomiquement, pour ainsi dire. Ses premiers dessins étaient déjà si parfaits qu'ils furent publiés comme des modèles de l'art de dessiner les fleurs. Une fois que sa vocation fut trouvée il alla vite. On publiait en ce temps-là l'*Iconographie botanique*, et tous les savans demandèrent bientôt qui donc était ce nouveau venu qui donnait aux fleurs leur physionomie la plus vraie et la plus simple.

Grâce à ce nouveau venu, ce qui n'était autrefois dans les livres qu'une image indécise, un ornement, une espèce de hasard colorié, était devenu un portrait solennel. Cet homme a plus fait pour la science de la botanique que bien des savans, malgré tout leur mauvais latin. Le savant arrive dans la prairie, brisant ce qui se rencontre sur sa route; il entasse l'une sur l'autre, sans goût, sans choix, sans esprit et sans grâce, toute fleur qui tombe sous sa main; il jette dans les catacombes de son herbier les créations les plus charmantes qu'ait jamais fécondées la douce rosée du ciel; puis enfin, rentré chez lui, il étend toutes ces victimes de la science sur le lit de Procuste: elles sont soumises à mille tortures, et sur le papier qui les recouvre comme un linceul, c'est à peine si vous pouvez reconnaître dans ces pâles spectres les émeraudes étincelantes du mois de mai. Redouté, au contraire, se mettait à genoux devant la fleur, il l'adorait comme on adore une maîtresse jeune et respectée, la contemplant de loin dans une muette béatitude, la pleurant quand elle n'est plus là, mais, absente ou présente, gardant son image dans son cœur. La fleur n'avait rien à craindre de ses mains, de son souffle; elle se balançait librement sur sa tige, et lui, il la saisissait dans les poses qu'elle aimait le plus, il l'entourait du plus doux feuillage, du rayon de soleil le plus transpa-

rent et le plus calme, il respectait les moindres détails
de cette beauté divine : l'épine et la mousse, l'insecte
caché dans le calice de la fleur, le papillon posé sur elle,
la goutte d'eau tombée du ciel ; c'était une image eni-
vrante et complète ; et quand le portrait était achevé, la
fleur coquette se redressait plus fièrement sur sa tige, le
papillon revenait de plus belle confondre ses couleurs
avec ces heureuses couleurs ; tout était joie, mystère et
parfum dans ce parterre, que le botaniste eût attristé en
le dépouillant. Telle a été l'œuvre de Redouté, telle a
été l'heureuse contemplation dans laquelle il a passé sa
vie. Le célèbre Gérard Van Spaëndonck, peintre du cabinet du roi Louis XVI, un de ces hommes qui pressen-
tent la nature sans la savoir tout à fait, fut frappé des
premiers de la grâce et de la vivacité de notre jeune
peintre, et pour commencer, il lui confia tout de suite
les vingt dessins que le peintre ordinaire du roi devait
ajouter chaque année à la collection royale : car c'était
là une chose fondée depuis Louis XIV ; chaque année,
le peintre ordinaire du roi devait ajouter une vingtaine
de fleurs aux fleurs déjà conquises. Elles avaient alors
droit de cité dans les jardins, hors des jardins. Ceci
nous paraît digne de remarque : depuis tantôt 200 ans
que le grand roi est mort, si chaque année la collection
s'était augmentée de vingt dessins de fleurs par les premiers peintres, nous posséderions, sans contredit, la
plus magnifique collection qui soit au monde. Mais, hélas ! les rois qui tombent et les révolutions qui s'élèvent
ont bien autre chose à faire que des dessins de fleurs.

En ce genre de dessin, Redouté a créé l'aquarelle. Il
avait remarqué tout de suite que la peinture usitée en

pareil cas, la gouache, était peu durable, qu'elle passait sous le souffle et sous le toucher de l'homme, presque aussi fugitive qu'une fleur véritable. Grâce à l'aquarelle, le jeune peintre arriva facilement à donner à ses fleurs non seulement tout l'éclat, mais encore toute la fermeté et toute la durée désirables. Aussi fut-il nommé dessinateur du cabinet de la reine Marie-Antoinette. La jeune et belle reine aimait les fleurs, elle les cultivait de ses mains; elle passait au Petit-Trianon la plus grande partie de sa vie, oubliant la royauté, qui ne devait pas l'oublier, hélas!... Si Marie-Antoinette eût vécu, Redouté eût été son premier peintre. Mais la révolution arriva, qui dispersa toutes choses, et les reines et les fleurs; elle entra en hurlant dans les jardins de Versailles et dans la chambre de la reine, elle renversa à la fois le trône et les bosquets, laissant sur son passage des haillons et des têtes coupées. Le moyen de dessiner des fleurs quand c'est Danton qui règne et quand on a été le peintre de la reine Marie-Antoinette [1]?

Toutefois sa persévérance, sa patience, son zèle et son amour pour l'étude, ont sauvé Redouté de toutes les fureurs de cette époque; il a côtoyé d'un pas calme et tranquille toutes les passions furibondes; il n'a été mêlé à aucun de ces orages qui emportaient toutes choses; et comme, même sous la terreur, les jardins

[1] Pendant sa captivité au Temple, et depuis sa condamnation, l'infortuné Louis XVI, ayant reçu un jour d'un de ses jardiniers, une espèce de cactus, fleur qui ne fleurit qu'à minuit, fit appeler Redouté qu'il affectionnait beaucoup. Le peintre des fleurs fut introduit auprès du monarque, et resta avec lui pour être présent à ce phénomène de floraison.—(Note communiquée par la famille).

ont fleuri, comme le printemps de 1793, ceci soit dit à la honte du printemps, n'a manqué ni de roses ni de tulipes, le jeune peintre est resté à l'œuvre, et l'on ne saurait dire tout ce qu'il a fait en ce temps-là. Il a travaillé à toutes les œuvres importantes de la botanique, il a fait les fleurs de la *Flora Atlantica* de M. Desfontaines; il a dessiné les plantes rares du jardin de Cels, celles du livre de M. de Candole, celles des ouvrages de Michaux père. La *Flora Borealis Americana* et l'*Histoire des Chênes de l'Amérique Septentrionale*, sont remplies des dessins de Redouté; on lui doit aussi les dessins de la première édition des *Arbres et Arbustes* de Duhamel, et les dessins de la *Botanique* de J.-J. Rousseau. Redouté était partout, dans toutes les parties du monde, marchant d'un pas sûr du connu à l'inconnu, passant de la fleur à la plante et de la plante au grand arbre, commentant le poète, expliquant l'histoire de la nature; il saisissait le printemps au passage, et, sous les neiges même de l'hiver, découvrait la mousse légère et grelottante. Une fois la plupart de ces grandes œuvres accomplies, il arriva qu'enfin cet homme, abandonné à lui-même, trouva un autre protecteur digne de lui, une reine de France, mais une reine de France protégée et défendue : l'impératrice Joséphine elle-même.

Sa Majesté s'était fait, à la Malmaison, son petit lit de feuillage et de fleurs ; là elle recevait, heureuse et triomphante, le glorieux souverain. Redouté devint à son tour, par droit de conquête, le roi tout-puissant de ces beaux jardins. Un an après le couronnement, il était nommé peintre de fleurs de l'Impératrice, et toute la Malmaison fut en fête. A sa vue, les orangers laissèrent tomber leurs blanches fleurs, les serres s'ouvrirent d'elles-mêmes pour montrer leurs plus rares trésors ; les plates-bandes vinrent jusqu'à ses pieds, en courant comme de jolis enfans empressés qu'on les regarde. Ces pauvres petits êtres, qui tremblaient même devant le sourire de l'Empereur, se sentirent abrités et défendus par ce grand peintre qui leur était donné. De son côté, Redouté se sentit aussi à l'aise à la Malmaison qu'il l'avait été au Petit-Trianon. Il parcourut ces beaux domaines avec un noble orgueil ; il se disait que désormais il était à l'abri, lui et ses fleurs, de toute révolution. En effet, l'Empire pouvait crouler, mais qui donc eût osé porter des mains profanes sur le royaume bourgeois de la bonne Impératrice? Vain espoir ! celle-ci fut encore plus malheureuse que ne l'avait été celle-là. A la première reine de Redouté on avait coupé la tête ; à la seconde reine de Redouté on brisa le cœur. Le divorce fit à l'une ce que le bourreau avait fait à l'autre ; et de ces deux Majestés insultées, c'est peut-être l'impératrice Joséphine qui a le plus souffert.

Ce fut avec la protection de la nouvelle souveraine que Redouté osa entreprendre un des plus grands livres et des plus difficiles qui aient été publiés dans ce siècle, ses *Liliacées,* qui lui ont fourni quatre-vingts livraisons, c'est-à-dire huit volumes grand in-folio, chacun de ces volumes renfermant soixante planches ; en un mot, quatre cent quatre-vingt-six tableaux de la plus parfaite exécution. Jamais l'art du dessin, appliqué à l'histoire naturelle, n'avait été poussé plus loin. Cette illustre famille des *Liliacées* avait pris, sous la main du peintre, une vigueur nouvelle : l'éclat, la grâce, la profusion, répandus dans ce beau livre, on ont fait une merveille inestimable dans toutes les bibliothèques des riches amateurs. Ainsi en avait jugé l'empereur Napoléon : il était si fier de ce livre, qu'il l'avait envoyé en présent non seulement à tous les rois de l'Europe, mais encore aux artistes et aux savans les plus distingués de son empire. A peine avait-il achevé ce grand livre, que Redouté, qui ne se reposait jamais, publia en deux volumes grand in-folio les plantes du jardin de la Malmaison; vint ensuite la *Flore de Navarre*, et un grand nombre d'ouvrages d'iconographie botanique, qui ne forment pas moins de cinq cents figures coloriées. Il faut citer en même temps, parmi ces beaux ouvrages, *l'Histoire des Arbres forestiers* de l'Amérique Septentrionale, par André Michaux ; l'*Histoire des Champignons* et l'*Histoire des Plantes grasses*, par M. de Candole. Quant à sa *Monographie des Roses*, cet ouvrage seul eût suffi à la popularité d'un peintre. C'est là, sans nul doute, la plus aimable histoire qui se soit jamais écrite, et Redouté seul était capable de l'entreprendre. Tous ces grands ouvrages, qui resteront comme des chefs-d'œuvre dans leur genre, et que personne ne refera désormais, ont été menés à bonne fin par un procédé que Redouté lui-même avait découvert. Ce procédé qui est simple, mais qui demande de grandes précautions dans son application, consiste en ceci : Vous mettez au pinceau, sur la planche d'une gravure, les couleurs primitives; vous les imprimez ensuite en répétant le même procédé à chaque tirage ; après quoi les figures sont retouchées au moyen d'une teinte plate transparente qui laisse ressortir les ombres de la gravure. Voilà comment tous ces beaux dessins de

Redouté, dont chacun eût composé un tableau à part, ont été publiés avec tant de succès.

Qui le croirait? cette longue suite de publications n'empêchaient pas notre illustre peintre de se montrer à toutes les expositions de peinture parmi les plus infatigables et les plus heureux athlètes des beaux-arts. Il avait, dans la grande galerie du Louvre, une place qu'il avait acquise. C'était son bien. Là, le public accourait chaque année comme dans un parterre où il était sûr de rencontrer les plus belles fleurs. Cette année encore la place était glorieusement occupée, et pour la dernière fois. A force de succès, de gloire, de gaîté, et surtout à force de bonhomie, Redouté était devenu l'ami et le compagnon de tous les grands peintres de son temps; comme il leur rendait justice à tous, comme il ne portait envie à personne, au contraire, comme il était le premier à les vanter tous et à se mettre à l'abri de leur gloire, ils l'avaient tous adopté comme un frère, et ils l'aimaient tous, autant que pouvaient aimer quelqu'un ces grands génies qui se disputaient la faveur impériale.

Ainsi, David lui-même avait laissé tomber des regards d'admiration sur les fleurs de Redouté; Girodet l'avait consulté pour l'*Endymion endormi*. Ce malheureux Gros, que Redouté a tant pleuré, lui disait souvent qu'il était bien heureux d'avoir des modèles si patiens, et quand Redouté se plaignait que le soleil lui eût fané quelqu'un de ses modèles. Je voudrais bien te voir, lui disait Gros, obligé de faire le portrait de Sa Majesté l'Empereur et Roi tout bronzé par la bataille! Gérard aussi, cet homme qui a eu tant d'esprit qu'il en est devenu un grand peintre, aimait Redouté d'une vive amitié. Parmi les

amis de Redouté, il faut encore nommer ce bon Talma ;
et entre eux deux, quand celui-ci avait été bien terrible
quand celui-là s'était bien trempé les pieds à la rosée
du matin, c'étaient de longues conversations remplies
des plus admirables naïvetés ; et certes, à les entendre
rire comme des fous l'un et l'autre, et rire de rien, nul
ne se fût douté que c'étaient là le plus grand tragédien
et le premier peintre de fleurs de leur temps. Ce que
Redouté a produit en sa vie de tableaux à l'huile et d'a-
quarelles ne saurait se dire ; lui-même il l'ignorait, et
quand, plusieurs fois, nous l'avons interrogé à ce sujet :
Pardieu ! nous disait-il, fais-moi l'amitié de me dire
combien tu as écrit de lignes dans ta vie. Ses œuvres
ont été recherchées avec un rare empressement ; il n'est
pas une galerie moderne qui n'en possède quelques-
unes. Vous les rencontrez dans les plus belles maisons
de l'Europe, toujours à la place la plus honorable, dans
le salon de la maîtresse de la maison, surtout quand la
dame et jeune et belle.

Et notez bien que pas une de ces œuvres ne se res-
semble ; ce sont toujours, il est vrai, les plus belles fleurs
de tous les jardins ; mais la grâce, l'incroyable variété
avec lesquelles le grand peintre savait disposer les fleurs
de son immense corbeille, ont suffi pour donner à chacune de ses compositions l'aspect qui lui est propre ;
c'est toujours et ce n'est jamais la même fleur, comme
fait un peintre de portraits qui ne représente jamais la
même femme. Redouté savait donner à ses modèles les
poses les plus charmantes ; il les surprenait à toutes les
heures du jour, celle-ci dans son bouton, celle-là cachée
sous la feuille, cette autre élégante et fière qui s'élance

sur sa tige. Il combinait avec un art dont il ne se doutait pas les admirables nuances de nos parterres, il appelait à son aide toutes les harmonies des campagnes ; il était l'ami et le compagnon des plus grands horticulteurs de l'Europe. Pas une serre ne lui était fermée, pas un jardin ne lui était étranger; pas une plante ne lui était inconnue ; et de même que chez le grand Cuvier, le roi légitime du vaste domaine défriché par Pline et Buffon, se rendaient tous les animaux de la création , afin que Cuvier leur dît leur nom et leur vertu, de même aussi toutes les plantes qui vivent sous le soleil, les lianes de l'Amérique et les lichens d'Islande, arrivaient chez Redouté en toute hâte ; et lui, dès qu'il les avait vues, il savait leur nom, leur grâce, leurs harmonies et leurs amours. Il a ainsi contribué à populariser toutes les fleurs nouvellement écloses, il les a rendues possibles. En même temps qu'il devinait les unes, il défendait les autres. C'est ainsi qu'il a protégé jusqu'à la fin l'Impériale, l'Hortensia, et les beaux Lis qui ont disparu du jardin des Tuileries.

Cette année encore, Redouté avait envoyé à l'exposition du Louvre un de ses plus beaux tableaux. C'était une grande composition, achetée par le roi, et qui ne sera pas un des moins beaux ornemens du château de Neuilly ou de Saint-Cloud ; mais, soit qu'il eût confusément la conscience de sa fin prochaine, soit qu'il voulût finir par un de ces grands travaux qui n'appartiennent qu'à la jeunesse, Redouté était tourmenté par une idée qui ne le quittait pas depuis cinq ans, et avec laquelle vous verrez tout à l'heure qu'il est mort. Il avait commencé, il y a de cela long-temps, un très grand tableau à l'huile ; de ce tableau, Gérard lui-même, l'ami de Redouté, avait fait les figures. En vain Redouté avait-il prié et supplié que ce tableau lui fût commandé, disant que c'était là sa dernière œuvre, qu'il voulait se reposer après, et qu'ainsi il laisserait après lui un chef-d'œuvre impérissable ; on n'avait guère fait attention aux prières du vieux peintre. Tous étaient sourds, tous répondaient que c'était trop entreprendre, qu'un tableau à l'huile était bien difficile, et l'on remettait ce vieillard à une autre année, comme s'il avait le temps d'attendre. A la fin, cependant, les gens qui gouvernent les beaux-arts, Dieu sait comme, avaient paru mieux disposés. Plusieurs hommes puissans des deux Chambres, tout étonnés qu'on s'adressât à leur influence pour protéger une pareille gloire, avaient donné bon espoir à l'illustre maître.

Toute l'ambition de M. Redouté, sa dernière ambition, se résumait dans ce tableau qu'il voulait faire : tant de promesses lui étaient venues de toutes parts, que maintenant il y comptait, il en était sûr ; il se félicitait tout haut de sa bonne fortune. Il se préparait déjà à partir pour sa maison des champs, pour son beau jardin qu'il ne devait plus revoir. Ses fleurs l'attendaient, disait-il, elles voulaient le revoir, elles allaient poser devant lui, plus belles et plus épanouies que jamais. Il nous disait cela huit jours avant sa mort. Enfin, jeudi 19 juin, pas plus tard, M. Redouté était seul chez lui, sa femme et sa fille étaient sorties : on frappe à la porte, on lui remet une lettre avec le timbre du ministère de l'Intérieur. O bonheur ! je tiens donc enfin mon ordonnance ! s'écrie le vieillard. Aussitôt, d'une main

tremblante de joie et d'émotion, il brise le cachet fatal.
— La lettre (lisez-là bien) contenait ceci :

Paris, le 15 Juin 1840.

À Mademoiselle Redouté.

Mademoiselle, j'ai reçu la lettre que vous m'avez fait l'honneur de m'écrire afin de m'engager à confier à M. Redouté, votre père, l'exécution d'un tableau de fleurs dont le prix serait fixé à 12,000 fr.
Il m'eût été *agréable*, Mademoiselle, de répondre au désir que vous m'avez exprimé ; mais la *situation des fonds dont je dispose* pour encouragement aux beaux-arts ne m'en offre pas les moyens, et j'ai le *regret de ne pouvoir commander à M. Redouté le travail qu'il voudrait obtenir.*
Agréez, etc.

Le ministre, secrétaire d'État de l'Intérieur,
De RÉMUSAT.

La lettre tomba des mains de Redouté ; sa fille, en rentrant, le trouva comme écrasé par cette affreuse nouvelle, à laquelle ses amis n'avaient pas eu le temps de le préparer. — Mon père en mourra, me disait-elle le jeudi 19 juin. — Le lendemain, son noble père était mort ! Avec l'ingénieuse et adorable tromperie d'un père, Redouté s'était efforcé d'être plus gai qu'à l'ordinaire, il s'était retiré un peu plus tard que d'habitude ; mais, une fois seul, la douleur avait été la plus forte, et ce brave homme d'une santé si ferme et si robuste, qui avait conservé dans un âge si avancé toute la verve, toute la ferveur de la jeunesse, était mort d'un coup de sang.

La reine des Français, madame Adélaïde, les princesses Louise et Marie d'Orléans, Marie d'Orléans, ce grand artiste dont la perte ne sera pas réparée, avaient reçu des leçons de M. Redouté : elles l'appelaient leur *bon maître*. Il était dessinateur du cabinet de la Reine.

Redouté, après 1830, a encore trouvé une reine, une bonne reine pour l'aimer, pour l'encourager, pour le secourir, pour lui tendre une main bienveillante, et cette fois pour le pleurer.

Redouté est mort trois mois après Vandael; c'est maintenant surtout que l'on peut dire : L'année a perdu son printemps.

J. JANIN.

CATALOGUE

DE TABLEAUX,

DESSINS, ÉTUDES, ETC.

TABLEAUX, DESSINS, COMPOSITIONS ET ÉTUDES DIVERSES.

PAR M. REDOUTÉ.

1 — Un bouquet composé de trois branches de roses sur fond noir. Ce tableau peint à
l'aquarelle a figuré à l'exposition du salon
de 1839, sous le numéro 1358.

2 — Un bouquet composé de six branches de pivoine. Aquarelle sur fond noir.

3 — Un bouquet de roses jaunes. Aquarelle sur fond
blanc.

4 — Un bouquet de deux branches de roses. Aquarelle sur fond noir.

5 — Une branche de roses. Aquarelle sur fond noir.

6 — Esquisse d'un tableau de fruits, fait en 1839
pour le roi. Aquarelle.

7 — Un portique sous lequel coule une fontaine sur-
montée d'un groupe de figures, et entouré

d'une grande quantité de belles fleurs et plantes de différentes espèces.

Tableau à l'huile non terminé. Les fleurs ne sont qu'indiquées, les figures sont peintes par Gérard, le fond de paysage par Thibault, et l'architecture d'après les dessins de Percier.

8 — Une branche de pivoine de couleur blanche sur fond blanc. Etude à l'aquarelle terminé.

9 — Deux branches de jacinthes. Aquarelle sur fond noir.

10 — Deux tulipes. Aquarelle sur fond blanc.

11 — Quatre tulipes. Aquarelle sur fond brun.

12 — Une tulipe. Aquarelle sur papier brun.

13 — Trois tulipes. Aquarelle sur fond blanc.

14 — Deux branches de pivoines. Aquarelle sur fond verdâtre.

15 — Une branche de trois fleurs de pivoines blanches. Aquarelle sur fond noir.

16 — Une branche de lis. Aquarelle sur fond blanc.

17 — Une branche de pivoine rose, fleur et bouton. Aquarelle sur fond brun.

18 — Une branche de roses pourpres, avec trois boutons. Aquarelle sur fond blanc.

19 — Une branche de pivoine simple, fleur et bouton. Aquarelle sur fond noir.

20 — Un bouquet de plusieurs variétés de lis. Aquarelle sur fond blanc.

21 — Une branche de lis. Aquarelle sur fond blanc.

22 — Campanules à fleurs bleues et blanches. Aquarelle sur fond blanc. (Etude qui était destinée

pour le grand tableau non terminé. (Catalogue sous le n° 7.)

23 — Plusieurs études de fleurs. Même numéro.

24 — Trois branches de prunes de différentes espèces. Aquarelle sur fond blanc.

25 — Trois pêches sur une branche. Aquarelle sur fond blanc.

26 — Plusieurs études de fruits à l'aquarelle. Même numéro.

27 — Trente et une études diverses à l'aqurelle, même numéro, telles que : pavots, pivoines, oreilles d'ours, tubéreuses, boutons d'or, œillets, roses, narcisses, groseilles, raisin. Cet article sera divisé.

28 — Cinquante études au crayon, au lavis et à la plume. Cet article sera divisé.

29 — Cinq études à l'aquarelle : papillons, insectes et oiseaux. Même numéro.

30 — Collection de dessins originaux de l'ouvrage des Roses pour l'édit. in-4°. Cent soixante-huit dessins au trait.

31 — Un beau vase rempli de fleurs. Dessin à la sanguine fait par M. Redouté, à l'âge de dix-sept ans.

32 — Un portefeuille contenant environ soixante études de figures, académies et ornemens, de la jeunesse de M. Redouté.

33 — Trois études académiques, dessinées au crayon, en 1740, par M. Redouté père.

34 — Un lot de croquis divers, par M. Redouté.

TABLEAUX, DESSINS ET ÉTUDES

PAR DIFFÉRENS MAÎTRES ET ARTISTES.

VAN DAEL (Jean-François).

35 — Une branche de roses dans un verre d'eau placé sur une table de marbre.

VAN SPAENDONCK (Gérard).

36 — Une branche de roses avec fleurs et quatre boutons. Tableau à l'huile.

37 — Deux branches de la fleur nommée couronne impériale. Belle étude à l'huile.

38 — Une branche de la même fleur. Etude au crayon, sur papier blanc.

39 — Une grappe de raisin. Etude à deux crayons sur papier gris.

40 — dix-sept Etudes de fleurs. Dessins au crayon et à la plume.
Cet article sera divisé.

DURUPT.

41 — Le prince Noir et sa favorite offrant un fruit à un haras. Esquisse terminée du grand tableau, de cet artiste.

DUCIS (M.).

42 — Paysage. Vue d'un ancien château : effet de lune.

REMOND.

13 — La chaumière : paysage avec figure d'animaux.

BIDAULT.

14 — Paysage montagneux et boisé. Etude d'après
nature.

VASSEROT.

15 — Vue prise à Fleury-sous-Meudon : paysage avec
figures.

THIBAULT. (1)

16 — Trois études. Même numéro.

TAUNAY.

17 — Le tombeau. Esquisse peinte.

REDOUTÉ (mademoiselle).

18 — Plusieurs études peintes et dessinées. Même
numéro.

MEYNIER.

19 — Trois dessins au lavis. Même numéro.

VANDER WERFF (d'après).

50 — Agar. Miniature sur ivoire d'après Vander
Werff.

ÉCOLE ALLEMANDE.

51 — Trois oiseaux dont deux cigognes. Aquarelle
par un peintre allemand.

INCONNU.

52 — Vingt-un études d'oiseaux au crayon.

53 — On vendra sous ce numéro de divisions, plusieurs
tableaux, esquisses et études peintes et dessinées de différens maîtres et artistes.

OUVRAGES A FIGURES, RECUEILS, SUITES ET ALBUMS, ET LIVRES SUR LES ARTS ET AUTRES.

54 — Principes de fleurs, par Redouté, particulière-
ment destinés à l'enseignement dans les
écoles spéciales, aux manufactures et aux ap-
plications industrielles de tout genre.

Ouvrage non terminé : il n'existe que la
première livraison qui n'avait point été mise
au jour. — 26 cahiers de chacun 5 planches
lithographiées par M. Prevost, d'après les
dessins originaux de M. Redouté. Un seul
lot.

Nota. — Les dessins sur pierres ont été
effacés.

55 — Recueil de six beaux bouquets, lithogrphiés
par Pointel du Portail, d'après les dessins
originaux de P. J. Redouté.

56 — Un autre exemplaire colorié avec soin.

57 — Les Roses, dessinées et enluminées d'après nature; avec une courte description botanique,
par M. le docteur Rœssig, traduit de l'allemand par M. de Lahitte. Un volume orné de
50 planches coloriées, avec texte allemand et
français.

58 — Papillons d'Europe, peints d'après nature, par Ernst, gravés et coloriés sous sa direction. Huit volumes in-4°, cartonnés, ornés de 342 planches.

59 — Entomologie, ou histoire naturelle des insectes, avec leurs caractères génériques et spécifique, leur description, leur synonymie et leur figure enluminée. Deux forts volumes in-4°, ornés d'un grand nombre de planches.

60 — Flore de la Malmaison, orné de planches gravées d'après P. J. Redouté. Un volume, in-folio, cartonné.

61 — L'Héritier, figures en noire. Un volume in-fol., cartonné.

62 — Quantité d'autres ouvrages à figures, recueils, suites et albums, seront vendus sous ce numéro de division.

63 — Un grand nombre de planches en noir et coloriées, provenant des ouvrages de M. Redouté. Plusieurs lots.

64 — 300 volumes environ de livres sur les arts, les sciences, l'histoire et la littérature.

COLLECTIONS.

65 — Collection classique de graines exotiques ou indigènes, destinée à l'étude de l'histoire naturelle et du dessin, appliqué à cette science. Toutes les graines ou fruits se trouvent dans un état de parfaite conservation, et sont

classées dans deux meubles en bois d'acajou,
composés de plusieurs étagères et de 18 tiroirs.

66 — Collection de beaux échantillons de marbres de
différentes espèces.

67 — Nombreuse collection de papillons, placés sous
verre, dans six montres en bois d'acajou et
une boîte de bois blanc.

68 — Quelques coquilles marines ou fluviales dans
toute leur intégrité. Cette petite collection
intéressante est classée dans un coquillier à
tiroirs.

ESTAMPES, GRAVURES ET LITHOGRAPHIES.

69 — L'Entrée de Henri IV dans Paris, gravé d'a-
près F. Gérard, par Toschi. Epreuve avant
la lettre.

70 — Bataille d'Austerlitz, gravé d'après F. Gérard,
par J. Godefroy. Epreuve à 3 points.

71 — Psyché et l'Amour, gravé d'après Gérard, par
John Godefroy. Epreuve avant la lettre.

72 — La Transfiguration, gravé d'après Raphaël, par
Raphaël et Antoine Morghen.

73 — Atala, gravé d'après Girodet, par Raphaël-Urbain Massard.

74 — Didon, gravé d'après Guérin, par F. Forster.

75 — Sainte Thérèse, gravé d'après F. Gérard, par
Leroux.

76 — Les Trois Ages, gravé d'après F. Gérard, par Raphaël Morghen. Belle et ancienne épreuve.

77 — Marie Stuart. Properzia de Rossi sculptant son dernier ouvrage. 2 pièces gravées d'après Ducis, par Pauquet et Sixdeniers.

78 — Madame de La Vallière, gravé d'après Ducis, par P. et H. Pauquet frères. Epreuve avant la lettre sur papier de Chine.

79 — Le Rendez-vous et la Fuite de Bianca Capello. 2 pièces gravées d'après Ducis, par Leroux. Anciennes épreuves.

80 — Revue du général Bonaparte, premier consul, gravé d'après Isabey, par Pauquet, et terminé par J. Mecou.

81 — Congrès de Vienne, gravé d'après Isabey, par J. Godefroy.

82 — L'Apothéose de Napoléon. Composition allégorique, gravée à l'aquatinta, d'après Horace Vernet, par Jaset. Epreuves avant toute lettre.

83 — Banditti prisoners, gravé d'après Jean et André Both, par John Browne.

84 — Louis XVIII. Portrait gravé d'après F. Gérard, par Raphaël-Urbain Massard.

85 — Napoléon-le-Grand. Portrait gravé d'après F. Gérard, par Auguste Boucher Desnoyers. Epreuve avec l'aigle.

86 — Le Songe d'Ossian, gravé d'après F. Gérard, par John Godefroy. Epreuves avant la lettre.

87 — Le Tombeau de Sainte-Hélène, gravé d'après

F. Gérard, par Garnier. Epreuve avant la
lettre sur papier de Chine.

88 — L'Aurore et Céphale, gravé d'après P. Guérin,
par F. Forster.

89 — Bélisaire et Homère. 2 pièces gravées d'après
F. Gérard, par Auguste Desnoyers et Raphaël-Urbain Massard. Belles et anciennes
épreuves.

90 — Nymphe au bain, gravé d'après Lancrenon, par
J. Bein. Epreuve avant la lettre sur papier
de Chine.

91 — Le portrait de madame de Staël, gravé d'après
F. Gérard, par Laugier. Epreuve avant la
lettre.

92 — Grand nombre de gravures anciennes et mo-
dernes, encadrées et en feuilles. Plusieurs
lots.

93 — Danaé. Lithographie d'après Girodet, par Aubry-Lecomte. Belle épreuve sur papier de
Chine.

94 — Sommeil d'Erigone ; Ariane abandonnée. Deux
sujets lithographiés d'après Girodet, par
Aubry Lecomte.

95 — Napoléon au mont Saint-Bernard. Lithographie
d'après David.

96 — Le portrait de mademoiselle Mars. Lithographie
d'après F. Gérard, par Grevedon.

97 — Quantité d'autres lithographies, dont l'Odalis-
que, d'après Girodet, par Aubry-Lecomte.
Sujets et portraits divers. Plusieurs lots.

USTENSILES DE PEINTRE GARNISSANT L'ATELIER, COULEURS, MEUBLES ET OBJETS DIVERS.

98 — Quatre chevalets, dont un en bois d'acajou.

99 — Plusieurs tables à pupitres et autres, garnies de tiroirs et tables de marbre.

100 — Pupitres à glaces et autres; portes originaux.

101 — Plusieurs boîtes à couleur, dont une en acajou en forme de meuble avec pieds en X.

102 — Quantité de toute espèce de couleurs assorties, pour peindre à l'huile et à l'aquarelle.

103 — Plusieurs palettes et quantité de godets, jattes, verres, soucoupes, la plupart garnies de couleurs; brosses, pinceaux, appuis-main, etc.

104 — Deux étagères en acajou avec portes vitrées, et chacune 20 tiroirs.

105 — Deux corps de bibliothèque en bois de noyer avec portes vitrées, et plusieurs autres armoires

106 — Quantité de boîtes d'herborisation en fer blanc.

107 — Plusieurs vases, urnes, cuvettes, bouteilles, en albâtre, cristal, verre et porcelaine du Japon.

108 — Portefeuilles et bordures dorées.

109 — Sous ce numéro on vendra les articles omis.

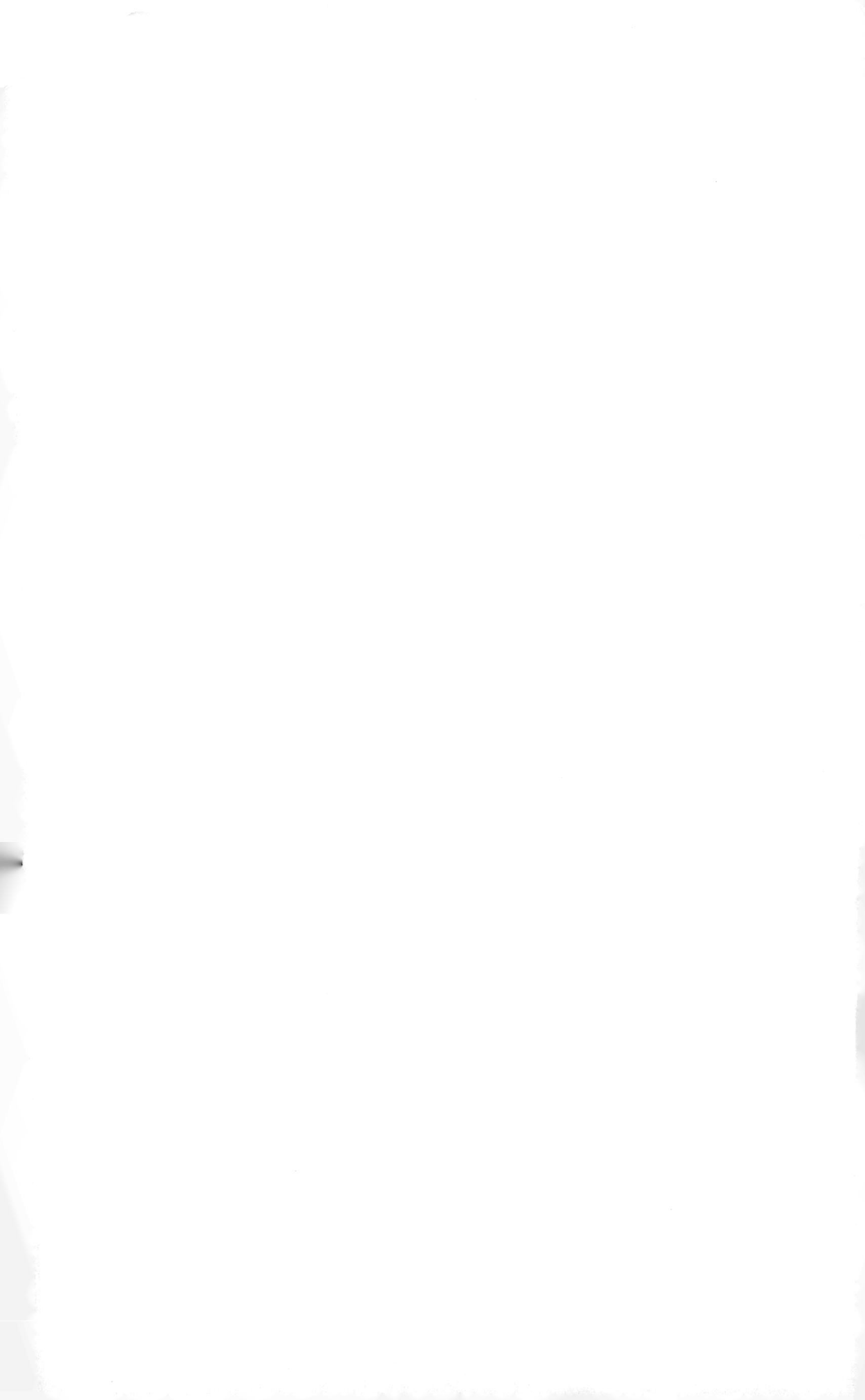

9 782019 143909